¡Papacito!

Craig Klein Dexemple

SPANISH
ñ
CUENTOS

www.spanishcuentos.com

Note from the Author: Thank you for picking up a copy of my book. I hope you will enjoy reading and learning from it. As a comprehensible input and storytelling Spanish teacher, it brings me great joy to share my classroom stories with you. If you need to reach me, don't hesitate to email me at profeklein@spanishcuentos.com

Book designed by Craig Klein Dexemple. Illustrations, interior design and cover adaptations by Diana Lucia Peña Pachon.

www.spanishcuentos.com
All rights reserved
ISBN 978-0-9912038-9-5

Contenido

Para el más papacito de los
papacitos: Zelien Elías

"Valeria"

Capítulo 1

Valeria es una muchacha ♥<u>que vive</u> en Cartagena, Colombia. Cartagena es una ♥<u>ciudad</u> que tiene aproximadamente 500 años.

Valeria vive en una casa colonial muy grande. La casa tiene balcones y muchas flores. En la casa de Valeria vive su papá, su mamá y su abuelo.

- ♥ **Que vive** — That lives
- ♥ **Ciudad**— City

Valeria es una muchacha popular y tiene muchas amigas, pero...

♥¡le encantan los muchachos guapos!
Valeria prefiere a los amigos.

♥ ¡Le encantan — She loves!

En la escuela hay un muchacho muy guapo. El muchacho se llama Juan Carlos; Valeria ♥quiere un novio guapo como Juan Carlos.

Valeria le dice a su papá y a su mamá:

♥ **Quiere un novio** — Wants a boyfriend

El papá y la mamá de Valeria son muy estrictos y están furiosos. Valeria va a su dormitorio y llora mucho.

Valeria es una muchacha un poco ♥rebelde y un día en la escuela ve a Juan Carlos y le dice:

¡Papacito!

♥ **Rebelde** – Rebellious
♥ **Papacito** – Handsome

¡Juan carlos está sorprendido! A Juan Carlos no le interesa Valeria. Es una muchacha popular y bonita, pero Juan Carlos no quiere una novia. Juan Carlos es un muchacho muy ♥<u>cortés</u>, bueno y simpático. El muchacho sólo responde:

¡Hola Valeria!

Valeria ♥<u>agarra</u> un papel y escribe su número de teléfono rápidamente.

Ahh... ¡Gracias!

¡De nada!

¡Llámame!

Valeria le da su número de teléfono a Juan Carlos. Juan Carlos no quiere el número de teléfono, pero recibe el papel porque no quiere problemas.

♥ <u>**Cortés**</u> – Polite
♥ <u>**Agarra**</u> – Grabs

Valeria está contenta porque Juan Carlos tiene su número de teléfono, pero hay un problema. Valeria no tiene el número de Juan Carlos.
Entonces Valeria le dice:

¡Tu número!

♥¡Dame tu número!

Juan Carlos no quiere darle su número de teléfono a Valeria, pero no quiere drama ni problemas y escribe su número en un papel.

¡Adiós papacito!

¡Ay no! Valeria agarra a Juan Carlos y le da un beso. Juan Carlos está muy sorprendido y no está contento.

♥ **Dame** – Give me

Valeria va a su casa y ♥<u>piensa</u> mucho en Juan Carlos.

Valeria tiene una obsesión terrible. De pronto el abuelo entra al dormitorio y Valeria le dice:

¡Quiero un ♥<u>tatuaje</u> en mi brazo ♥<u>que diga</u> Juan Carlos!

¡Valeria, no es una buena idea!

♥ **Piensa** – Thinks

♥ **Tatuaje** – Tattoo

♥ **Que diga** – That says

¡Por favor Valeria! ♥Escúchame, ♥tengo experiencia.

Valeria ve los tatuajes en el brazo del abuelo. Está sorprendida y finalmente comprende que un tatuaje en el brazo con el nombre de Juan Carlos no es una buena idea.

Valeria piensa en Juan Carlos. Escribe frases de amor y ♥dibuja corazones en un papel.

♥ **Escúchame** – Listen to me
♥ **Tengo** – I have
♥ **Dibuja corazones** – Draws hearts

...pero de repente, el papá abre la puerta de su dormitorio y ve el papel con los corazones y frases de amor.

El papá agarra el papel y lee las frases de amor.

El papá de Valeria está muy furioso. ¡Muy furioso!

Valeria tiene miedo y está muy nerviosa. El papá es muy estricto y está furioso. Valeria es una muchacha inteligente y piensa rápido.

Ehh.. mi oso de peluche se llama Juan Carlos.

Hay silencio en el dormitorio. El papá no dice nada y sale.

19

El papá piensa que Juan Carlos es el oso de peluche.

¡Uff!
♥¡Qué alivio!

♥ **¡Qué alivio!** – What a relief!

La fiesta

Capítulo 2

Valeria piensa en Juan Carlos y ♥quiere ir a su fiesta. Valeria quiere bailar con Juan Carlos.

En la casa de Juan Carlos hay una gran fiesta hoy a las 9:00 de la noche. Juan Carlos organiza una fiesta enorme porque está solo en casa.

♥ **Quiere ir** – Wants to go

♥**Horas antes**...
Valeria sorprendida, ve un papel en su pupitre.

Valeria agarra el papel. ¡Es una nota de Juan Carlos!

El papel huele al perfume de Juan Carlos. ¡Huele muy bien! Valeria está contenta y lee la nota.

♥ <u>**Horas antes**</u> – Hours earlier

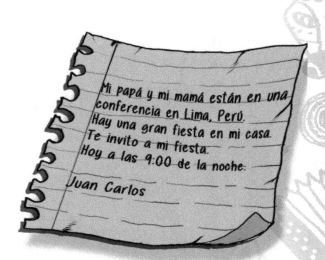

Mi papá y mi mamá están en una
conferencia en Lima, Perú.
Hay una gran fiesta en mi casa.
Te invito a mi fiesta.
Hoy a las 9:00 de la noche.

Juan Carlos

Valeria piensa en Juan
Carlos y en su fiesta.
Valeria quiere ir a su
fiesta, pero hay un
problema. El papá y
la mamá de Valeria son
muy estrictos. Valeria
necesita un plan...

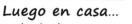

Luego en casa...
Valeria le pregunta a su papá:

¡Papá! ¿♥Puedo ir a la fiesta de mi amiga Daniela hoy a las 9:00?

¡No!

El papá de Valeria no es tonto y huele el perfume de hombre en las manos de Valeria. El papá está furioso y Valeria llora.

La fiesta en la casa de Juan Carlos es muy importante. ¡Valeria tiene el plan perfecto! Quiere escapar por la ♥ventana de su dormitorio.

♥ **Puedo ir** – Can I go
♥ **Ventana** – Window

¡Es un plan perfecto! A las 8:50 de la noche Valeria decide escapar por la ventana. Valeria salta, pero en ese momento... ¡El abuelo ♥sale a respirar aire fresco!

♥ **Sale a respirar aire fresco** – He goes to take some fresh air

¡Oh no! Valeria cae encima de su abuelo.

Al abuelo ♥le duele la cabeza y a Valeria le duele el ojo. ¡Qué problema!

♥ **Le duele** – It hurts

Valeria prende su teléfono.
¡Oh no! Tiene el ojo morado.
¡Qué vergüenza!
Valeria ♥no puede ir a la
fiesta de Juan Carlos con
un ojo morado. Valeria está
triste y quiere llorar, pero
de repente...

El papá y la mamá de Valeria llegan a la ventana
y están muy confundidos. La mamá grita:

¡A tu dormitorio
inmediatamente!

♥ **No puede ir** – Can't go

Valeria llora y va a su dormitorio. Está muy triste y llama por teléfono a Juan Carlos.

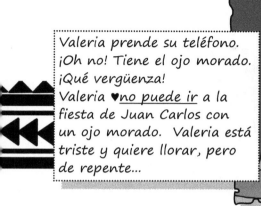

Valeria prende su teléfono.
¡Oh no! Tiene el ojo morado.
¡Qué vergüenza!
Valeria ♥no puede ir a la
fiesta de Juan Carlos con
un ojo morado. Valeria está
triste y quiere llorar, pero
de repente...

El papá y la mamá de Valeria llegan a la ventana
y están muy confundidos. La mamá grita:

¡A tu dormitorio
inmediatamente!

♥ **No puede ir** – Can't go

Valeria llora y va a su dormitorio. Está muy
triste y llama por teléfono a Juan Carlos.

31

Juan Carlos está muy confundido y apaga el teléfono. Valeria está muy triste y súper confundida.

"Malina"

Capítulo 3

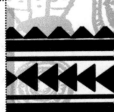

En la escuela hay una muchacha que se llama Malina. Es guapa y tiene una personalidad fuerte.

A Malina ♥también le encanta Juan Carlos.

♥ **También** – Also

Malina ♥le tapa los ojos a Juan Carlos y con una voz romántica le dice cosas dulces y picantes...

...pero Juan Carlos ♥no sabe quién es y Malina está frustrada.

♥ **Le tapa** – Covers

♥ **No sabe** – Doesn't know

¿Qué? Un muchacho fuerte abraza a Malina. ¡Ay caray! Es uno de los novios de Malina.

Malina es una muchacha dominante y fuerte.
Tiene dos novios, pero quiere tres. No está
contenta con dos novios. Siempre quiere más.
Malina quiere tres novios.

♥**Días antes**...
Malina ve ♥<u>cuando</u> Valeria le dice a Juan Carlos:

♥ **Días antes** – Days earlier

♥ **Cuando** – When

Malina ♥odia a Valeria, porque es su competencia.

También ve cuando le da su número de teléfono...

...y cuando le da un beso.
¡Malina está furiosa!

♥ **Odia** – Hates

Va al locker de Juan Carlos y ♥<u>pone</u> su perfume en la nota.

♥ **<u>Pone</u>** – Puts

Luego, pone la nota ♥<u>encima del</u> pupitre de Valeria...

♥ <u>**Encima del**</u> – On top of

...unos minutos más tarde, Valeria ve la nota encima de su pupitre. Está muy contenta porque es una nota de Juan Carlos.

La nota huele al perfume de Juan Carlos. ¡Valeria está muy contenta!

...pero no es una nota de Juan Carlos.
Malina observa en silencio y se ríe.

"El carro nuevo"

Capítulo 4

¡Es su cumpleaños! Juan Carlos recibe ♥las llaves de un carro nuevo. ¡Está muy contento!

¡Es un carro precioso! Es un convertible nuevo.

♥ **Las llaves** – The keys

Juan Carlos agarra las llaves...

...y prende el carro.

Juan Carlos se pone el ♥cinturón.

♥ **Cinturón** – Seatbelt/belt

...y ♥<u>maneja cuidadosamente</u> por Cartagena. Juan Carlos ve la playa, la fortaleza de San Felipe, y está muy contento.

♥ **Maneja cuidadosamente** – Drives carefully

49

...De repente, Juan Carlos ve a Valeria y a su abuelo.

Valeria ve a Juan Carlos y tiene una idea. Tiene un plan perfecto. A Valeria no le duele el pie, pero es una muchacha inteligente y grita:

¡Ay mi pie! ¡Me duele!... ¡Me duele!

Juan Carlos está sorprendido y el abuelo está muy confundido.

¡Es el plan perfecto!

Juan Carlos es un muchacho simpático y levanta a Valeria.

Juan Carlos sienta a Valeria en su carro. ¡Valeria está muy feliz!

♥ **¿Dónde vives?** – Where do you live?

...pero Valeria tiene otro plan. Juan Carlos
maneja cuidadosamente y pregunta otra vez:

Pero Valeria no responde y dice:

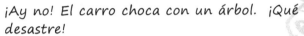
¡Ay no! El carro choca con un árbol. ¡Qué desastre!

Valeria no se pone el cinturón y ♥rompe el cristal con su cabeza. ¡Es un accidente terrible!

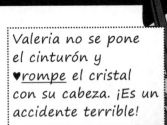

♥ <u>Rompe</u> – Breaks

...pero las personas miran sus teléfonos y no ven el accidente.

Juan Carlos llama por teléfono a la ambulancia.

¡Necesito una ambulancia urgente!

Finalmente, la ambulancia llega y Valeria va al hospital.

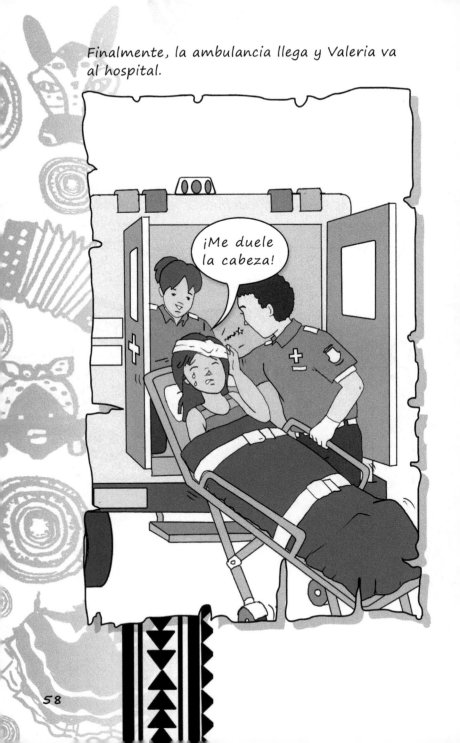

"El hospital"

Capítulo 5

En el hospital Valeria recibe muchas flores y notas de sus amigos y familia.

Valeria lee las notas, pero de repente...

Ve unas flores negras y una foto...

¿Qué? Es una foto de Malina y Juan Carlos. En la foto Juan Carlos ♥le da un beso en la boca a Malina. ¡Qué terrible!

♥ **Le da un beso** – Kisses

Valeria está devastada y llora mucho, pero en ese momento el doctor entra y dice:

¡Hola Valeria! ♥¿Cómo estás?

Las medicinas producen muchos gases.

♥¿Has tenido gases?

Ahh... ¡No!

♥ **Cómo estás?** – How are you?

♥ **¿Has tenido gases?** – Have you had gases?

♥ **¡Mentirosa!** – Liar!

"Gran escape"
Capítulo 6

65

Valeria está frustrada, pero tiene una idea. ¡Quiere escapar por la ventana!

¿Qué? Hay un problema. Valeria ♥está amarrada con dos cinturones.

♥ **Está amarrada** – Is tied up

Encima de una mesa ve un cuchillo y...

...♥corta los cinturones.

¡Qué violenta! ¡Valeria rompe la ventana!

♥ **Corta** – Cuts

y escapa del hospital. Valeria corre a la casa de Juan Carlos. Una mujer ♥palenquera ve a Valeria y está sorprendida.

♥ **Palenquera** – Iconic characters from Cartagena. These women dress in colorful dresses and balance a bowl of fresh fruit on their heads. They come from San Basilio de Palenque, a small village near Cartagena. During Colonial times, San Basilio de Palenque was founded by runaway slaves, and it is considered to be one of the first free villages in the Americas.

Finalmente, Valeria llega a la casa de Juan Carlos.

Valeria va a la ventana del dormitorio de Juan Carlos.

Juan Carlos duerme ♥como un príncipe.

¡Ay no! Valeria entra por la ventana.

♥ **Como un príncipe** – Like a prince

71

Juan carlos es muy guapo y Valeria quiere darle un beso.

Valeria agarra la cabeza de Juan Carlos, pero de repente...

El doctor dice:

...y tambien ¡Las medicinas ♥pueden producir alucinaciones!

♥ **Pueden producir** – Can produce

¡Oh no! No es real. Es una alucinación. Valeria llora y está muy furiosa y frustrada.

"La foto"

Capítulo 7

♥Días antes...
En la escuela Malina ve a Juan Carlos y le dice:

En ese momento llega la mamá de Juan Carlos. La mamá le da una ♥arepa de huevo.

♥ **Días antes** – Days earlier.
♥ **Arepa de huevo** – Traditional corn patty with an egg inside.

...y tiene una idea.

Malina se toma una selfie dando un beso.

Luego, en la biblioteca edita la foto en una computadora.

Malina imprime la foto. ¡Ay no! En la foto Malina y Juan Carlos se dan un beso en la boca.

♥ **Compra** – Buys

Rápidamente, va al hospital...

♥ **Compra** – Buys

Rápidamente, va al hospital...

En el hospital, mientras Valeria duerme, Malina deja las flores negras y la foto.

"Otra nota"
Capítulo 8

Valeria finalmente ♥regresa a casa y pasa tiempo con su abuelo...

...pero Valeria ♥todavía piensa en Juan Carlos.

♥ <u>**Regresa**</u> – Returns
♥ <u>**Todavía piensa**</u> – Still thinks

Piensa en la foto y en las flores negras. Valeria está triste.

Valeria está triste, pero de repente, dice llorando:

¡No me rindo!

♥ ¡No me rindo!

♥ **¡No me rindo!** – I don't give up!

Valeria escribe una nota de amor...

...y le pone su perfume.

"Papacito...
eres el muchacho más guapo y fuerte de la escuela".
Te amo con todo mi corazón.
Tu admiradora,

Valeria.

Al día siguiente...
En la escuela Valeria ve a Juan Carlos.
Juan Carlos pone un libro en el locker número 57.

Valeria ♥se acerca a Juan Carlos y le dice:

¡Hola Papacito!

Juan Carlos está sorprendido y ♥no quiere hablar con Valeria.

♥ **Se acerca** – Approaches
♥ **No quiere hablar** – Doesn't want to speak

♥ **¡Tengo que ir al baño!** – I have to go to the bathroom!

Juan Carlos corre al baño y ♥<u>se esconde.</u>

♥ <u>**Se esconde**</u> – Hides

Afuera, Valeria ♥<u>espera</u> y espera pero finalmente ♥<u>la campana suena</u>...

♥ **Espera** – Waits

♥ **La campana suena** – The bell rings

♥**Horas más tarde...**
Valeria ♥camina hacia su carro después de la escuela. Mientras escucha música en su teléfono. Escucha ♥vallenatos románticos...

...de repente, una persona le agarra la mano. Valeria piensa que es Juan Carlos.

♥ <u>**Horas más tarde**</u> – Hours later

♥ <u>**Camina hacia**</u> – Walks towards

♥ <u>**Vallenatos**</u> – Traditional music from Colombia

96

97

"La mudanza"

Capítulo 9

Juan Carlos y su familia ♥<u>se mudan</u> para otra ciudad.

♥ <u>**Se mudan**</u> – They move

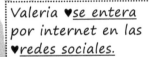

Valeria ♥se entera por internet en las ♥redes sociales.

Valeria tiene depresión y está muy triste.

♥ **Se entera** – Finds out
♥ **Redes sociales** – Social media

Valeria agarra su oso de peluche y llora mucho.

Las amigas de Valeria y el abuelo están preocupados, e invitan a Valeria a la playa.

Valeria finalmente decide ir a la playa. En la playa hace calor y se ve el océano. Se acerca un vendedor de lentes de sol y dos mujeres palenqueras con frutas encima de sus cabezas.

...pero Valeria no está interesada en la playa. Valeria ♥<u>quiere jugar</u> con su teléfono por muchas horas.

♥ **Quiere jugar** – Wants to play

En la playa también hay un grupo musical. El grupo es muy tradicional. El grupo toca música vallenata y tienen ♥<u>sombreros vueltiaos</u>.

♥ **<u>Sombreros vueltiaos</u>** – A traditional hat from Colombia, and one of the best known symbols of the country.

♥ **<u>Bronceador</u>** – Suntan lotion

♥ **<u>!No fui yo!</u>** – It wasn't me!

Dos **horas más tarde**, Valeria y sus amigas van al agua. Están muy contentas, pero el abuelo está muy sorprendido.

¿Ese es el bronceado de las nuevas generaciones?

"La sorpresa"

Capítulo 10

Días después en la escuela...

Malina continúa muy contenta con sus dos novios...

Los estudiantes regresan a la escuela muy contentos. ¡Bailan ♥champeta y se ríen!

♥ **Champeta** — Folk music and dance from the Atlantic Coast of Colombia. It originated among the inhabitants of African descent of Cartagena and Barranquilla, and it is directly linked to Palenque de San Basilio, the historic village founded by runaway slaves during the colonial period.

...pero Valeria continúa triste, y frecuentemente se sienta en el pupitre de Juan Carlos. Valeria piensa mucho en Juan Carlos...

...pero de pronto escucha ♥algo que dice su profesora...

¡Hola Mateo Alejandro!

¿Qué? ¡Hay un muchacho nuevo en la escuela!

♥ **Algo** – Something

113

Mateo Alejandro es muy guapo. Él tiene una ♥mochila <u>arhuaca</u>. ¡A Valeria le encanta Mateo Alejandro!

¡Bienvenido!

¡Gracias profe!

Valeria está tan emocionada, no resiste, y dice:

¡Papacito!

♥ <u>**Mochila arhuaca**</u> – A bag made by the Arhuaco people of the Sierra Nevada. The mochila arhuaca has become a national symbol of Colombia.

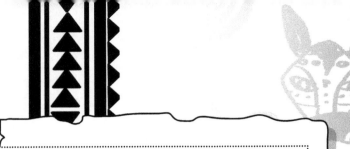

Mateo Alejandro está confundido... pero ♥alguien más también piensa que él es muy guapo... ¡Malina!

¡Papacito!

♥ **Alguien más** – Someone else

Diccionario

Abraza: Hugs
Abre: Opens
Abuelo: Grandfather
Accidente: Accident
Adiós: Goodbye
Admiradora: Admirer
Afuera: Outside
Agarra: Grabs
Agua: Water
Aire: Air
Alucinación: Hallucination
Ambulancia: Ambulance
Amigo/a: Friend
Amor: Love
Antes: Earlier/before
Años: Years
Apaga: Shuts off
Aproximadamente: Approximately
Árbol: Tree
Arepa: Traditional corn patty
Ay caray!: Oh, my goodness!
Ay no!: Oh no!
Balcones: Balconies
Baño: Bathroom
Beso: Kiss
Biblioteca: Library
Bienvenido: Welcome
Boca: Mouth
Bonita: Pretty
Brazo: Arm
Bronceado: Tan
Buen: Good
Cabeza: Head
Cae: Falls
Camina: Walks
Caramelo: Caramel
Carro: Car
Cartagena: A Colombian city
Casa: House
Chévere: Cool

Choca: Crashes
Churro: Sweet treat
Cierra: Closes
Cinturón: Seatbelt/belt
Ciudad: City
Clase: Class
Colonial: Colonial
Como: Like
Competencia: Competition
Comprende: Comprehends
Computadora: Computer
Con: With
Conferencia: Conference
Confundida: Confused
Contenta: Happy
Continúa: Continues
Convertible: Convertible
Corazón: Heart
Corre: Runs
Corta: Cuts
Cortés: Polite
Cosas: Things
Cristal: Glass
Cruel: Cruel
Cuando: When
Cuchillo: Knife
Cuidadosamente: Carefully
Cumpleaños: Birthday
Dame: Give me
Dando: Giving
Darle: Give him/her
De la noche: At night
De nada: You're welcome
De: Of
De repente: Suddenly
Decide: Decides
Decide ir: Decides to go
Deja: Leaves behind
Depresión: Depression
Después: After

Detrás de: Behind
Devastada: Devastated
Día: Day
Dice/diga: Says
Dominante: Dominant
Dónde está...: Where is ...?
Dormitorio: Bedroom
Dos: Two
Duele: It hurts
Duerme: Sleeps
Dulces: Sweet
E/y: And
Edita: Edits
Él: He
El: The
En: In/About
Encima de: On top of
Enorme: Enormous
Entonces: So
Entra: Enters
Eres: You are
Es: Is
Escapar: To escape
Escribe: Writes
Escucha: Hears
Escuela: School
Ese/o/a: That
Esperar: To wait
Está/n: Is/They are
Estás bien?: Are you ok?
Esta/e: This
Estrictos: Strict
Excusa: Excuse
Familia: Family
Fascinante: Fascinating
Fiesta: Party
Finalmente: Finally
Flores: Flowers
Fortaleza: Fort
Foto: Photo
Frases: Phrases
Frecuentemente: Frequently
Fresco: Fresh

Frustrada: Frustrated
Frutas: Fruits
Fue: Was
Fuerte: Strong
Furioso: Furious
Gracias: Thank you
Gran: Great
Grande: Big
Grita: Screams
Grupo: Group
Guapo: Handsome
Hace calor: It's hot
Pipí: Pee
Hacia: Towards
Hay: There is
Hola: Hi
Hombre: Man
Horas: Hours
Hoy: Today
Huele a: Smells like
Huele bien: Smells good
Importante: Important
Imprime: Prints
Inmediatamente: Immediately
Inteligente: Intelligent
Interesada: Interested
Invitan: Invite
Ir: To go
Jugando: Playing
Jugar: To play
La/las: The
Le: To him/her/in it
Le agarra: Grabs her..
Le da: Gives
Le dice: Says
Le duele: It hurts
Le encanta: Loves
Le gusta: Likes
Le interesa: Is interested
Lentes: Glasses
Le pregunta: Asks him/her
Lee: Reads
Levanta: Lifts

Libro: Book
Lima: The Capital of Peru
Llama: Calls
Llámame: Call me
Llega/n: Arrives/They arrive
Llevar: To take
Llora/llorar: Cries/to cry
Llorando: Crying
Lo siento: I'm sorry
Loca: Crazy
Los: The
Luego: Later
Mamá: Mom
Maneja: Drives
Mano: Hand
Más tarde: Later
Más: The most/more
Me duele: It hurts me
Medicinas: Medicines
Mesa: Table
Mi: My
Microondas: Microwave
Minutos: Minutes
Miran: They watch
Momento: Moment
Muchacho/a: Boy/girl
Mucho: A lot
Mudanza: Move
Mujeres: Women
Música: Music
Muy: Very
Nada: Nothing
Necesita/o: Needs/ I need
Negras: Black
Nerviosa: Nervous
Ni: Nor
No más: No more
No puedo ir: I can't go
Noche: Night
Nota: Note
Novio: Boyfriend
Nuevo: New
Número: Number

Observa: Observes
Obsesión: Obsession
Océano: Ocean
Ojo: Eye
Organiza: Organizes
Oso de peluche: Teddy bear
Otra vez: Again
Otra/o: Another
Papá: Dad
Papacito: Handsome
Papel: Paper
Para: To
Pasa tiempo: Spends time
Pensando: Thinking
Perfecto: Perfect
Perfume: Perfume
Pero: But
Persona: Person
Personalidad: Personality
Perú: A South American Country
Picantes: Spicy
Pie: Foot
Piensa: Thinks
Playa: Beach
Poco: Little
Pone: Puts
Popular: Popular
Por favor: Please
Por: Through
Porque: Because
Precioso: Precious
Prefiere: Prefers
Pregunta: Asks
Prende: Turns on
Preocupados: Preoccupied
Producen: They produce
Profe: Teacher
Puede: Can
Puedo ir: Can I go
Puerta: Door
Pupitre: Desk
¡Qué alivio! : What a relief
¡Qué desastre! : What a disaster!

¡Qué problema! : What a problem!
¡Qué terrible!: How terrible!
¡Qué vergüenza!: How embarrassing!
¡Qué violenta!: How violent!
Que :That
Qué: What
Quién: Who
Quiere Hablar: Wants to talk
Quiere ir: Wants to go
Quiere ser: Wants to be
Quiere/o: Wants/I want
Quiero ir: I want to go
Rápidamente: Rapidly
Rápido: Fast
Recibe: Receives
Resiste: Resists
Responde: Responds
Romántica: Romantic
Rompe: Breaks
Sabe: Knows
Sale: Leaves
Salta: Jumps
Se dan un beso: They kiss
Se llama: His/her name is
Se pone: Puts on
Se ríe: Laughs
Se sienta: Sits
Se toma: Takes
Ser: To be
Seria: Serious
Siempre: Always
Silencio: Silence
Simpático: Nice
Simplemente: Simply
Solo/a: Alone/only
Sombreros: Hats
Son: Are
Sorprendido/a: Surprised
Sorpresa: Surprise
Su: His/her
También: Also
Tarde: Afternoon/late

Tatuaje: Tattoo
Te amo: I love you
Te invito: I invite you
Teléfono: Telephone
Tengo: I have
Tiempo: Time
Tienda: Store
Tiene/n: Has/they have
Tiene miedo: Is scared
Toca: Plays (music)
Todo: All
Tomar: To take
Tonto: Dumb
Tradicional: Traditional
Tres: Three
Triste: Is sad
Tú: You
Tu: Your
Un/Uno/a: A/one
Unos: A few
Urgente: Urgent
Va a: Goes to
Vallenata: Typical Colombian music
Vamos: Let's go
Van a: They go to
Ve/n: Sees/they see
Vendiendo: Selling
Ventana: Window
Vive: Lives
Voy: I go
Voz: Voice
Y: And